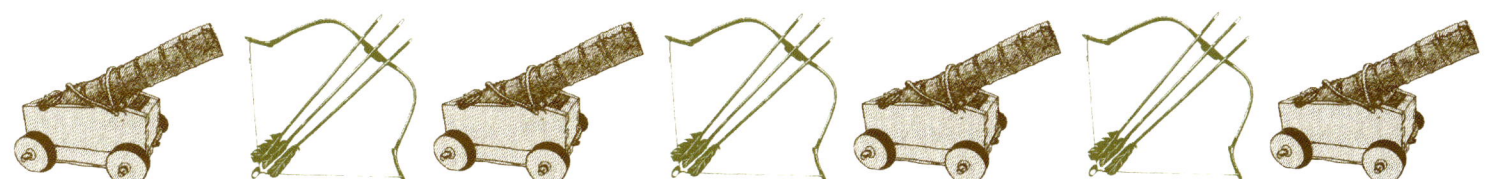

Stories of Great People
그레이트 피플

이순신의 거북선 설계도

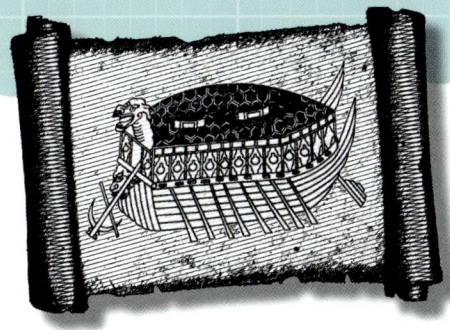

글 박지숙 | 그림 이지후

밝은미래

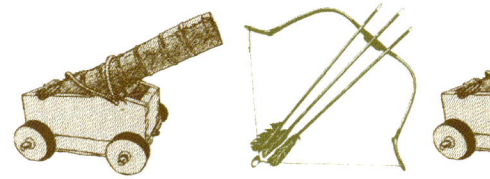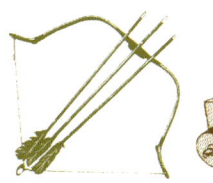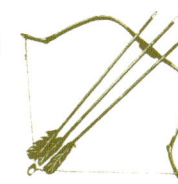

글 박지숙

충남 태안에서 태어났으며, 대학에서 문예창작을 전공했습니다.
2003년 중편동화 〈김홍도, 무동을 그리다〉로 제1회 '푸른문학상' 〈새로운 작가상〉에 당선되었습니다.
지은 책으로는 《유관순의 태극기》, 《김홍도, 무동을 그리다》(공저), 《사실대로 말할까?》, 《김홍도, 조선을 그리다》, 《한옥, 몸과 마음을 살리는 집》,
《김구, 통일 조국을 소원하다》, 《이순신, 거북선으로 나라를 구하다》, 《정약용, 실학으로 500권의 책을 쓰다》 등 수십 권이 있고,
엮은 책으로는 《어린이와 청소년을 위한 백범일지》, 《어린이와 청소년을 위한 난중일기》, 《어린이와 청소년을 위한 열하일기》,
《유배지에서 보낸 정약용의 편지》, 《어린이와 청소년을 위한 목민심서》 등이 있습니다.
현재 창작과 기획팀인 '수로와 알지'로도 활동하고 있습니다.

그림 이지후

중앙대학교 서양화과를 졸업했습니다. 현재 회화 작업을 하며 프리랜서 일러스트레이터로 활동하고 있습니다.
그린 책으로는 《세상을 뒤흔든 위인들의 좋은 습관》, 《게으름뱅이 탈출 학교》, 《나를 바꾼 그때 그 한마디》,
《에디슨과 발명 천재들》, 《일기가 나를 키웠어요》, 《정정당당 공룡축구》, 《삼각형으로 스피드를 구해줘!》 등이
있으며, 그레이트 피플 시리즈에 그림을 그리고 있습니다.

그레이트 피플
이순신의 거북선 설계도

초판4쇄 발행 2023년 2월 2일
펴낸이 도승철 | **펴낸곳** 밝은미래 | **등록** 2005년 5월 2일 (제105-14-87935호) | **주소** 경기도 파주시 회동길 349 3층
전화 031-955-9550 | **팩스** 031-955-9555 | **홈페이지** http://www.bmirae.com
편집 송재우 고지숙 | **디자인** 문고은 윤수경 | **마케팅** 김경훈 | **경영지원** 강정희 | **홍보** 박민주
표지 및 본문 디자인 뭉클 | **진행** 이상희
ISBN 978-89-6546-257-6 74990 | 978-89-6546-090-9(세트)
© 2017 밝은미래

이 책 내용의 일부 또는 전부를 재사용하려면 반드시 저작권자와 출판사의 동의를 얻어야 합니다.
책에 대한 단순 서평 수준을 넘어서는 내용을 SNS나 사진, 영상 등으로 출판사의 동의 없이 배포하는 것은 저작권법에 저촉될 수 있습니다.

이 책에 사용된 사진은 저작권자에게 허락을 받아 게재했습니다.
저작권자와 초상권자를 찾지 못한 사진은 확인되는 대로 연락 드리겠습니다.

사진 제공 : 국립중앙박물관 / 국립현대미술관(최효종) / 문화재청 / 창원시립마산박물관 / 현충사 / Asfreeas / Daniel Case / Rama / Steve46814 / WaffenSS

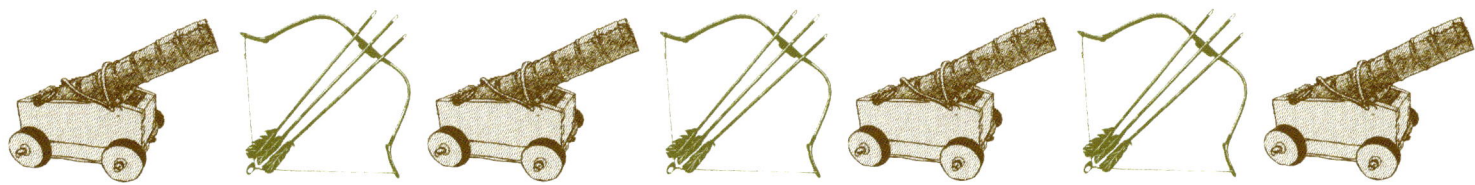

 차례

황학동 만물상	10
이순신	13
가난 속에서도 꽃핀 나라 사랑	15
험난한 무관의 길	17
우리나라를 넘보던 외적	18
임진왜란과 그 기록물	21
위기에 빠진 조선	22
조선과 일본의 무기	24
이순신의 주요 전투 한눈에 보기	26
조선과 일본의 싸움배	29
한산도와 정유재란	31
조선 수군의 패배	32
명량 대첩의 승리	35
임진왜란 이후 조선, 일본, 명나라는?	37
우리 민족의 영원한 영웅	40
어휘 사전	41
한눈에 보는 인물 연표	44

*표시가 된 어휘는 '어휘 사전'에서 자세한 설명을 읽을 수 있습니다.

만물상 할아버지
황학동 만물상 주인이다. 초등학교 교장 선생님이었으나, 은퇴한 후 황학동에 만물상을 열었다. 없는 것 빼놓고 다 있다는 만물상에는 신기한 물건이 가득하다.

수지
아홉 살 여자아이. 오래된 물건을 수집하는 것이 취미이다. 선우의 단짝 친구이자 황학동 만물상의 단골손님으로, 만물상에 새로 들어오는 물건에 대해 가장 먼저 알고 싶어한다.

선우
만물상 할아버지의 손자이다. 단짝 친구인 수지와 티격태격하지만 언제나 유쾌하고 명랑하다. 만물상의 물건에 얽힌 이야기를 들을 때 가장 눈이 반짝거린다.

나재주 아저씨

중고 가전제품 가게를 운영하는 발명가 아저씨이다. 멋진 발명 아이디어로 평범한 물건도 새것으로 만드는 일을 즐겨 한다.

털보 삼촌

책에 대해서는 모르는 것 없는 만물박사로 헌책방 주인이다. 여러 곳을 돌아다니면서 희귀한 책들을 구해 온다.

황학동 만물시장에는 없는 게 없다. 두 눈을 크게 뜨고 시장 곳곳을 돌아다니면 시간과 공간을 거슬러 온 멋진 물건들과 만나게 된다.

주방 거리에는 옛날 시골에서 쓰던 돌절구부터 오래된 냄비까지 여러 가지 주방 용품이 그득하다. 가구 거리에는 신발장과 책꽂이를 합쳐 놓은 희한한 모양의 책장, 가구 들이 주인을 기다린다.

중고 가전제품 가게는 마치 전자 제품 박물관 같다. 에디슨이 발명한 축음기와 백열전등부터 디지털카메라, 노트북, 스마트폰 등 최신 유행하는 제품까지 모두 있다. 가끔 중고 악기점에서는 악기점 주인이 바이올린으로 연주하는 아름다운 음악 소리가 들려올 때도 있다. 이 악기점에는 기타나 하모니카, 아프리카 원주민이 썼던 타악기까지 없는 악기가 없다.

황학동 거리 곳곳에 있는 노점에서는 인디언 추장의 동상, 중세의 갑옷과 칼, 구리로 만든 희한한 장식품뿐만 아니라 어디에 쓰이는지 알 수 없는 신기하고도 괴상한 물건들도 많이 판다.

이 황학동 만물시장 깊숙한 곳에 '황학동 만물상'이라는 가게가 있는데, 문 앞에는 '없는 것 빼고 다 있어요.'라는 문구가 쓰여 있다.

황학동 만물상의 주인은  선우네 할아버지다. 초등학교 교장 선생님이었던 할아버지는 퇴직 후 평소에 즐겨 찾던 황학동에 만물상을 열었다. 평소에 쉽게 볼 수 없는 갖가지 물건들이 모여 있는 황학동 만물상은 황학동 만물시장의 축소판이다.

선우는 단짝 친구 수지와 함께 자주 할아버지의 만물상을 찾는다. 선우와 수지는 할아버지의 만물상에 혹시 새로운 물건이 들어오지는 않았는지 궁금해서 거의 매일 학교가 끝나는 길에 할아버지 가게에 들른다.

햇볕이 여유로운 오후, 만물상 할아버지는 가게 앞에서 돋보기를 쓴 채 책을 읽으며 아이들을 기다린다.

"선우야, 화 좀 풀어! 내가 사과하잖아."

수지가 선우의 꽁무니를 졸졸 따라오며 말했다.

"뭐, 화를 풀라고? 네가 함부로 만져서 이렇게 망가졌잖아!"

선우가 수지에게 쏘아붙였다. 선우는 한 조각 한 조각 정성스레 만든 거북선 모형이 부서져 화가 나 있었다. 수지가 선우에게 느림보처럼 꼼지락거린다며 참견하는 통에 그런 일이 벌어졌다.

"야, 잘난 척 대장! 잘난 척 좀 그만해라."

선우는 씩씩거리며 만물상으로 냉큼 들어갔다.

가게 안에는 만물상 할아버지와 나재주 아저씨가 무언가를 골똘히 바라보고 있었다.

"선우는 왜 그렇게 볼이 부었누?"

할아버지가 콧등에 걸린 안경을 올리며 물었다.

"둘이 아옹다옹 다퉜나 본데요? 허허허."

나재주 아저씨가 웃으며 아이들을 맞이했다. 아저씨의 손에는 누런 종이가 들려 있었다.

"할아버지, 수지가 제 거북선을……."

선우가 입을 삐쭉거리며 말할 때였다.

"나재주 아저씨, 안녕하세요? 마침 아저씨 가게에 가려고 했는데, 여기 계셨네요. 역시 우린 마음이 통하나 봐요."

뒤따라온 수지가 선우를 밀치고 아저씨에게 다가갔다.

"수지가 우리 가게엔 왜? 고칠 물건이라도 있니?"

"네, 선우의 거북선 모형을 고쳐야 해서요. 근데 손에 들고 계신 건 뭐예요?"

수지가 눈을 반짝이며 물었다. 수지는 만물상의 옛 물건들을 훤히 꿰고 있다. 그래서 새롭고 신기한 물건이 들어오면 단박에 알아차린다. 호기심이 발동한 수지가 잽싸게 누런 종이를 살펴봤다.

"우아, 거북선 모양의 그림이네요! 아주 오래된 것 같아요."

"그래. 이순신의 거북선 설계도란다."

"네에?"

수지와 선우가 동시에 놀라 외쳤다.

"이게 바다를 누비면서 일본군을 물리친 거북선 설계도라고요?"

선우도 이렇게 말하며 바짝 다가가 설계도를 살폈다.

'좋았어. 이순신의 설계도를 보면 거북선 모형을 더 잘 만들 수 있겠어. 전화위복*이란 말이 맞긴 하구나!'

선우는 슬며시 화를 풀고 수지 곁에 앉았다.

이순신 (1545~1598)

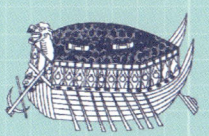

◀ 조선 시대의 명장, 이순신

이순신은 1545년 한양 건천동(지금의 서울시 중구 인현동)에서 아버지 이정과 어머니 변 씨 사이에서 태어났어. 어릴 때부터 글공부도 잘했지만 씩씩하고 용감하여 전쟁놀이를 더 좋아했단다. 그래서 나라를 지키는 무관이 되기를 꿈꾸었지.

서른두 살에 무과에 합격한 이순신은 나라 곳곳을 지켰어. 북쪽의 국경 지역에서는 여진족을 물리치고 남쪽의 바닷가에서는 일본 해적의 침입을 막았지. 하지만 이순신은 올곧고 정직하여 다른 사람들의 시기와 모함에 빠지곤 했어. 그래도 묵묵히 이겨 내면서 자신의 일에 충실했단다.

임진왜란이 터지자 일본의 침략에 대비해 만든 거북선과 판옥선으로 바다에서 맞서 싸웠어. 목숨을 걸고 싸운 덕택에 단 한 번도 패하지 않았지. 나라를 지키려는 충성심과 백성을 사랑하는 마음이 조선을 지켜 낸 거야. 그래서인지 충무공 이순신은 우리나라 사람들이 가장 좋아하는 위인으로 손꼽힌단다.

"할아버지, 그럼 이순신이 이 설계도를 그린 거예요?"

수지가 묻자, 선우가 냉큼 끼어들어 대답했다.

"아니, 아니야. 거북선 설계는 나대용이라는 무관이 했대. 아마 그걸 본 이순신이 나대용을 배 만드는 장교로 임명했을 거구."

"그래? 난 이순신이 거북선 설계도를 그린 줄로만 알았어."

"아, 물론 이순신도 함께 연구하고 아이디어를 냈지."

"선우가 아주 잘 아는구나."

나재주 아저씨가 칭찬하자, 선우는 고개를 끄덕이며 말했다.

"네. 책에서 읽었어요. 이젠 이순신에 대해선 훤히 알아요. 모형을 만들어 거북선 띄우기 대회에 나가려고 하거든요. 잘난 척하는 누구 땜에 망쳤지만요."

선우가 수지를 쏘아보았다. 그러고는 아저씨에게 거북선 모형을 내밀었다. 아저씨는 모형을 요리조리 훑어본 뒤 말했다.

"조금만 손보면 되겠구나. 너무 걱정하지 마라."

"휴, 다행이다!"

선우보다 수지가 긴 숨을 내쉬었다. 속으로 무척 걱정한 모양이었다. 그 모습을 본 선우가 피식 웃고는 할아버지에게 물었다.

"할아버지, 이순신이 왜 거북선을 만들었는지 알고 싶어요."

"차근차근 얘기하자꾸나. 어린 시절부터 말이다. 이순신은 어려서부터 글공부를 잘했어. 하지만 친구들과 전쟁놀이하기를 더 좋아했단다. 이때 어울린 유성룡과는 평생토록 우정을 이어 나갔지."

"유성룡이 누구예요?"

"유성룡은 나중에 영의정까지 지낸 훌륭한 학자야."

할아버지 말에 나재주 아저씨가 덧붙였다.

"두 사람은 서로 도움을 주고받으며 컸대. 그래서 한 명은 나라를 지키는 장군, 한 명은 나라를 보살피는 정승까지 되었다고 해."

"그렇다네. 하지만 둘은 곧 헤어져야 했지. 이순신의 집안 형편이 어려워져서 시골 외갓집 근처로 내려갔거든. 그래도 둘의 우정은 변치 않았다네."

 # 가난 속에서도 꽃핀 나라 사랑

덕망 높은 집안

이순신의 집안은 조상 대대로 높은 벼슬을 한 양반 가문이었어. 그런데 할아버지가 죄를 뒤집어쓰고 벼슬에서 쫓겨난 뒤 집안이 기울었어. 그래도 어린 이순신은 글공부와 전쟁놀이를 하면서 씩씩하게 자랐지. 아버지 이정은 평생 벼슬길에 오르지 못했지만 자식들이 모두 훌륭한 사람이 되기를 바랐단다. 그래서 옛 중국의 훌륭한 임금들의 이름을 따서 아들들 이름을 정했어. 순신도 옛 중국의 훌륭한 임금 '순'의 이름을 따랐지. 하지만 서울에 살다가 몹시 가난해져서 외가인 충남 아산으로 이사를 가야 했어. 그곳에서도 이순신은 활달하고 늠름하게 성장했단다.

유성룡과의 아름다운 우정

유성룡은 이순신과 어릴 때부터 친구였어. 나이는 순신보다 세 살 위였지만 서로 뜻이 잘 통했던 것 같아. 어쩌면 어렸을 때부터 유성룡은 나라를 이끄는 훌륭한 벼슬아치가 되고 이순신은 나라를 지키는 용감한 장수가 되자고 약속했을지도 모르겠어. 유성룡이 일찌감치 높은 벼슬에 오른 뒤에, 이순신을 전라 좌수사*로 추천했거든. 어려서부터 이순신의 인물됨과 능력을 지켜봤기 때문에 수군 지휘관이 되도록 도운 걸 거야.

유성룡은 임진왜란 중에 병조 판서, 도체찰사, 영의정을 지내면서 위기에 빠진 나라를 구하기 위해 힘썼단다. 그리고 정직한 이순신이 모함에 빠질 때마다 늘 도와주었어.

두 사람은 이렇게 각자의 자리에서 든든한 나라의 지킴이로 활약하면서 깊은 우정을 나누었단다.

◀ 이순신이 태어난 곳으로 추정하여 서울시 중구 인현동에 세운 표지 석이야.

◀ 유성룡은 선조(조선 제14대 왕) 때의 재상이야. 이순신을 발탁해 나라를 구하게 했고, 임진왜란의 상황을 담은 《징비록》을 썼어.

◀ 이순신이 아산으로 이사 가서 어린 시절을 보낸 집이야. 과거 시험에 합격하기 전까지 살았다고 해.

"그럼 이순신은 어려서 전쟁놀이할 때부터 무술을 잘했나요?"

선우가 물었다.

"아니야. 집안 어른들은 이순신이 글공부하여 문과 시험에 합격하길 원했어. 옛날에는 문신을 무척 우러러 봤지만 무신은 좀 무시했거든. 그래서 이순신은 결혼한 뒤인 스물한 살 때에야 제대로 무술을 익히기 시작했단다. 무관 출신인 장인이 도와주었거든."

"그때부터 승승장구했지요? 이순신은 영웅이고 거북선까지 만든 천재니까요."

"글쎄, 이순신이 천재일까? 이순신은 스물여덟 살에 무과 시험을 치렀어. 하지만 말에서 떨어져 한쪽 다리가 부러지고 말았지. 그래도 이순신은 버드나무 가지를 꺾어 다리를 동여매고 끝까지 시험을 치렀단다. 비록 불합격했지만 최선을 다했던 거야."

"시험에 떨어졌다고요? 에잇, 거짓말이죠?"

할아버지의 말에 선우가 고개를 저으며 되물었다.

"실망 마라. 그래도 그로부터 4년 뒤에는 무과에 급제했으니까."

"서른두 살이요? 꽤 늦은 나이군요."

나재주 아저씨도 믿기지 않는 표정으로 말했다.

"그렇지 않네. 그 당시 무과에 급제한 사람들의 나이가 보통 서른네 살이었거든."

할아버지가 말하자, 나재주 아저씨가 고개를 끄덕였다.

"하긴 활쏘기, 칼싸움 같은 무술은 오랜 훈련이 필요하죠."

"그럼 이순신은 무과 급제한 다음 바다로 가서 거북선을 만들었어요? 장군이 되었어요?"

수지가 초롱초롱한 눈빛으로 물었다.

"수지가 마음이 급하구나. 그 전에 이순신은 오랫동안 나라 곳곳을 지켰단다. 험준한 북쪽 국경 마을과 남쪽 바닷가 마을에서 외적이 침입하지 못하도록 말이야."

"그런데 이순신은 올곧은 성격 때문에 곤경에 처했다면서요?"

나재주 아저씨가 할아버지에게 물었다.

"맞네. 높은 벼슬을 탐낸 사람들은 불의에 맞서는 이순신을 미워했지. 그래서 이순신은 자주 모함을 받아 벼슬에서 쫓겨나곤 했어."

험난한 무관의 길

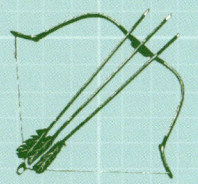
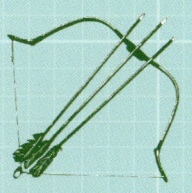

학문과 무술을 겸비한 장수를 꿈꾸다

이순신은 결혼한 뒤에 본격적으로 무술을 익혔어. 장인 방진이 외적의 침입에 고통받는 백성들을 구하고 나라를 지키라고 이끌어 주었거든. 이처럼 이순신은 집안 어른들의 훌륭한 가르침을 받들어 나라와 백성을 위하는 마음을 평생 품게 되었단다.

강직하고 올곧은 성품

과거 시험(무과)에 급제한 뒤 이순신이 전라도 발포에서 만호*로 지낼 때야. 상관인 성박이 객사* 뜰에 심은 오동나무를 베도록 했어. 자신의 거문고를 만들기 위해서였지. 이순신은 나라의 재산을 함부로 베어선 안 된다며 명령을 따르지 않았어. 이 때문에 이순신은 상관의 미움을 샀어. 그뿐이 아니야. 훈련원에 있을 때 벼슬 청탁을 거절한 것에 앙심을 품었던 서익은 이순신을 모함했어. 발포의 무기가 잘 정비되지 않았다고 조정*에 거짓 보고를 올린 거야. 그래서 이순신은 또다시 벼슬자리에서 쫓겨났단다.

◀ 발포 만호성 유적이야. 외적의 침입을 막기 위해 성종(조선 제9대 왕) 때에 쌓은 성인데, 1580년 이곳에 이순신이 만호로 부임해서 18개월간 일했어.

과거 시험과 홍패

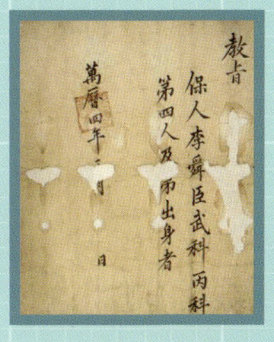

◀ 이순신이 1576년 무과에 급제하여 받은 홍패야. 보물 제1564-7호로 지정되었어.

과거 시험은 예전에 우리나라에서 관리를 뽑을 때 치렀던 제도야. 보통 3년마다 있었는데, 나라에 기쁘거나 특별한 일이 있을 때도 시행했어. 조선 시대의 과거 시험은 문과, 무과, 잡과로 나뉘었어. 문과는 나랏일을 살피는 관리를 뽑기 위한 것으로, 학문의 수준을 평가했어. 무과는 군사 일을 맡아하는 관리를 뽑기 위한 것으로, 무예 실력을 주로 평가했지. 잡과는 의학, 천문 지리학, 통역, 법률 같은 전문 기술관을 뽑는 시험이었어.

그중 문과가 가장 경쟁이 심했어. 조선은 무예나 기술보다 학문을 중시했기 때문이야. 그래서 시험도 소과와 대과로 나누어 여러 차례 봐야 했단다. 소과에 합격하면 백패라는 합격 증서를 받았어. 흰 종이에 이름, 성적 등이 적혀서 백패라고 한 거야. 무과에서는 여러 가지 무예 시험을 보고 기본적인 학문을 평가받았어. 문과의 대과나 무과의 최종 합격자는 붉은 종이에 이름, 성적 등이 적힌 홍패를 받았어.

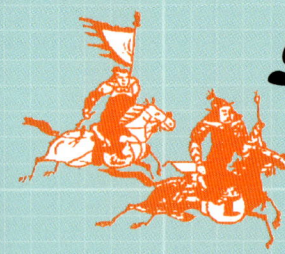

우리나라를 넘보던 외적

북쪽의 여진족

여진족은 중국과 만주 동북쪽에 살던 민족이야. 여진족은 시대에 따라 이름이 달랐어. 당나라 때는 말갈인, 송나라와 명나라 때는 여진족, 청나라* 때는 만주족이라고 불렸지. 그들은 주로 사냥을 하거나 가축을 길렀기 때문에 말을 잘 탔어. 우리나라 북쪽을 자주 침입해 백성들을 괴롭혔단다. 우리나라의 큰 골칫거리였던 거야.

여진족은 1616년에 후금이라는 나라를 세웠는데 이후 청나라로 발전했단다.

◀ 이순신이 1587년 녹둔도에서 여진족과 싸우는 모습을 그린 〈수책거적도〉야.

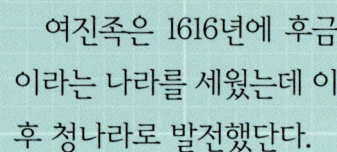

남쪽의 왜구

왜구는 고려 말부터 조선 시대까지 우리나라 남쪽 해안을 약탈하던 일본 해적이야. 임진왜란이 일어나기 직전 선조 때에도 왜구의 침략은 자주 있었어. 하지만 이 무렵 일본 정세가 심상치 않았어. 이를 안 조선의 신하 중 몇 사람이 일본군이 쳐들어올 거라며 국가의 위기에 대비하자고 했지. 하지만 선조와 대부분의 신하들은 이를 무시해 버렸단다.

그때, 털보네 헌책방의 털보 삼촌이 슬리퍼를 끌며 허겁지겁 들어왔다.

"할아버지! 오늘 거북선 설계도가 들어왔다면서요?"

털보 삼촌은 만물상 할아버지만큼이나 옛 책과 자료에 관심이 많다. 그러니 귀중한 보물 소식에 귀가 번쩍 뜨였을 게 뻔하다.

"털보 삼촌, 저희도 왔어요."

수지와 선우가 손을 들어 흔들었다.

"저도 왔습니다."

나재주 아저씨가 웃었다.

"아, 모두 반가워요! 이게 거북선의 설계도군요!"

털보 삼촌의 눈이 안경 너머에서 똥그래졌다.

"멋있죠? 아저씨도 얼른 앉으세요. 막 이순신의 활약상을 듣던 참이에요."

선우가 털보 삼촌의 팔을 잡아당겼다. 그 틈에 수지가 물었다.

"할아버지, 이순신이 곤경에 빠졌다고 했죠? 그럼 더 이상 벼슬살이를 못한 거예요?"

"아니. 낮은 벼슬자리를 겨우 얻어 위험한 국경을 지켜야 했단다. 1587년에는 두만강 어귀에서 날쌘 여진족과 싸워야 했지."

"여기에서 또 곤경을 치른다면서요?"

나재주 아저씨가 물었다.

"그렇다네. 이순신이 지키던 녹둔도*에 여진족이 쳐들어왔거든. 그 전에 이순신은 미리 상관인 북병사*

이일에게 군사를 늘려 달라고 요청했지. 하지만 이일은 이순신의 청을 들어주지 않았다네. 그 틈에 여진족이 쳐들어와 곡식과 가축을 빼앗고, 우리 백성들을 끌고 간 거야."

할아버지가 안경알을 닦으며 말했다.

"아, 남의 것을 빼앗다니! 나쁜 오랑캐예요."

수지가 얼굴을 찌푸렸다.

"걱정 마, 수지야. 이순신이 그들을 무찌를 테니까. 맞죠?"

"그래. 이순신은 군사들을 이끌고 힘껏 싸워서 우리 백성을 구했어."

털보 삼촌이 선우의 머리를 쓰다듬으며 말했다.

"야호, 역시 이순신이야!"

선우가 외쳤다. 털보 삼촌이 이어서 말했다.

"그런데 문제가 생기고 말았어. 군인 여럿이 죽고 많은 백성이 포로로 여진족에 잡혀 가서 자신이 벌받을까 겁이 난 이일이 임금님께 거짓 보고를 올렸거든. 이순신에게 죄를 뒤집어씌운 거야. 이순신은 꼼짝없이 모함에 걸려 백의종군*하게 되었어. 맡고 있던 벼슬을 빼앗기고 아무 직책 없이 싸움터에 나간 거야."

"에잇, 억울해. 누명 쓰면 얼마나 속상한데!"

수지가 선우를 힐끗 보며 말했다.

"이순신은 분했지만 담담히 받아들였어. 그러고는 몇 달 뒤, 전쟁에서 공을 세워 억울한 누명을 벗었어."

털보 삼촌이 빙그레 웃으며 말했다.

"역시 진실은 밝혀지는 법이죠. 저도 친구를 도와주려다 오히려 오해를 샀거든요."

수지는 이순신이 누명을 벗어서 기뻤다. 오늘 수지도 선우의 모형 만들기를 거들어 주었다. 하지만 선우는 수지의 마음도 모른 채 심통만 부리고 있었다. 할아버지는 그런 수지를 지그시 보며 말했다.

"그래. 진심은 언젠가 통하게 되지. 올곧았던 이순신도 정읍 현감*이 되어 백성들의 사랑을 듬뿍 받았단다."

"그래요? 이순신이 백성을 다스리는 사또도 했었다니! 전 이순신이 나라를 지키는 장수인 줄로만 알았습니다."

나재주 아저씨가 웃으며 말했다.

"저도 몰랐어요!"

선우가 말하자 수지가 잽싸게 되받아쳤다.

"아까는 이순신에 대해 훤히 안다며?"

"잠깐 헷갈린 거야. 근데 이순신은 언제 장군이 되죠?"

"얼마 뒤 1591년 2월, 이순신은 전라 좌수사가 됐단다. 일본의 낌새가 심상치 않은 걸 알아챈 유성룡이 이순신을 전라도 수군을 지휘하는 장군으로 추천했거든."

"드디어 장군이 된 거예요?"

"그렇단다. 이순신은 일본군이 우리나라에 쳐들어올 거라고 예상했지. 그래서 전쟁에 대비해 단단히 준비했단다. 날마다 군사를 훈련시키고 무기를 마련하는 과정을 꼼꼼히 일기에 기록하면서 말이다."

할아버지가 말하자, 털보 삼촌이 옷 속에서 낡은 책을 꺼냈다.

"짠! 이게 바로 그 일기야. 《난중일기》."

"우아, 이순신은 글씨도 잘 썼네요."

"글도 얼마나 잘 지었다고! 하루하루를 생생하게 표현했고 종종 멋진 시도 지었어."

모두 감탄하면서 《난중일기》를 보았다. 그때 할아버지가 외쳤다.

"잠깐! 거기, 거기. 우리 그 페이지 좀 보세. 1년 동안 나대용과 함께 거북선을 만든 뒤, 1592년 4월 12일 거북선의 성능을 시험하는 장면이거든."

"결과는요?"

"대성공이었단다! 그런데 놀랍게도 바로 다음 날 임진왜란이 시작됐지 뭐냐."

임진왜란과 그 기록물

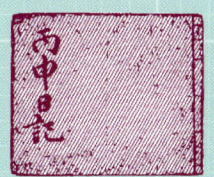 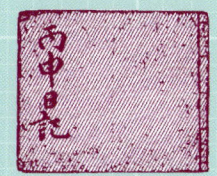

임진왜란은 일본이 임진년인 1592년에 우리나라를 침략해서 1598년까지 이어진 전쟁이야. 그즈음 일본은 100여 년 동안 영토 싸움을 벌이다가 도요토미 히데요시가 전국을 통일한 상태였어. 그는 백성의 마음을 한데 모으고 자신의 야욕을 채우기 위해 다른 나라를 정복하려고 했어. 그래서 명나라에 진출한다는 구실로 조선을 침략했단다. 반면에 태조 이성계가 1392년 조선을 세운 이래, 200년 동안 평화로웠던 우리나라는 아무런 대비책도 없었어. 그 결과 7년 동안 전쟁에 휩쓸려 참혹한 시련을 겪어야 했단다.

《난중일기》

이순신이 1592년부터 1598년까지 쓴 일기야. 임진왜란 때 일본군과의 전투 상황, 선조 임금에게 올렸던 장계(보고서)의 초안, 군사들의 훈련과 상벌, 가족 이야기 등이 간결하고 솔직하게 담겨 있어. 처음에는 일기의 제목이 없었는데, 정조 때 《이충무공전서》를 편찬하면서 《난중일기》라고 이름을 붙였어. 1962년에 국보 제76호로 지정되었고, 2013년 6월에 유네스코 세계기록유산에 등재되었단다.

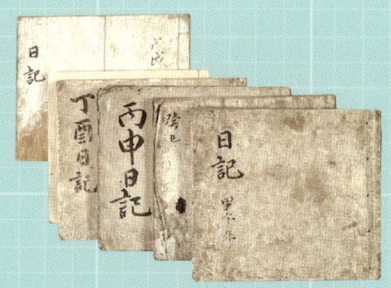 

▲ 이순신이 쓴 《난중일기》야. 총 9책이나 된단다.

《징비록》

유성룡이 임진왜란을 겪으면서 경험한 사실을 기록한 책이야. '징비'란 지난 일의 잘못을 뉘우치고 앞으로 닥칠 나쁜 일을 경계한다는 뜻이야. 처참했던 임진왜란을 교훈 삼아 다시는 전쟁이 일어나지 않도록 하자는 의미로 제목을 지은 것이지. 내용으로는 임진왜란이 일어난 배경과 전투 상황, 조선과 명나라, 일본의 외교 관계 등이 적혀 있어. 임진왜란을 연구하는 데 귀중한 자료란다. 1969년에 국보 제132호로 지정되었지.

▲ 유성룡이 쓴 《징비록》이야.

《쇄미록》

조선 중기의 학자였던 오희문이 1591년부터 1601년까지 쓴 일기야. 일본군의 침입, 조선군과 의병의 활약, 명나라의 구원병 파견 등 전쟁 과정, 백성이 겪었던 비참한 생활과 고통이 자세하게 적혀 있단다.

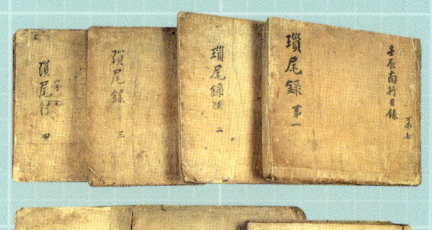
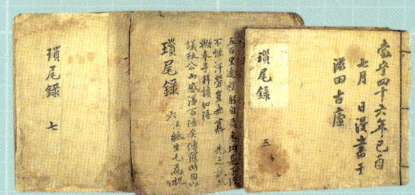

◀ 오희문이 쓴 《쇄미록》이야.

 # 위기에 빠진 조선

임진왜란을 일으킨 도요토미 히데요시

도요토미 히데요시는 가난한 농가에서 태어나 하급 무사가 되었어. 유력한 장군을 위해 일하다 그 장군이 죽자, 반대파를 무찌르며 힘을 키워 나갔지. 그리고 마침내 오랫동안 분열되어 있던 일본을 통일했단다. 그러고는 임진왜란을 일으켰어. 하지만 조선 수군과 의병의 활약에 부딪혀 끝내 실패하고 말았단다.

◀ 도요토미는 결국 1598년 8월 죽음을 맞았어.

일본군의 침략 경로

일본은 군사를 9개로 나누어 조선을 침공했어. 각 군은 부산과 김해 등지로 조직적으로 침공하였고, 육군 병력만 15만 이상이었대. 조총으로 무장한 그들은 단숨에 부산진성과 동래성을 함락하고 한양으로 향했어. 조선군이 대항했지만 그들은 충주를 거쳐 거침없이 북쪽으로 진격하여 20일 만에 한양을 점령했어. 그러고는 곧장 평양을 거쳐 함경도까지 공격했지. 전쟁의 상황이 급박해지자 선조와 신하들은 의주까지 피란을 떠났고, 명나라에 군대를 요청했단다.

임진왜란의 첫 싸움

▶ 일본군을 태운 배가 부산 앞바다로 몰려온 모습을 그린 〈부산진 순절도〉야. 1592년 4월 13일과 14일에 부산 첨사* 정발과 군사들이 부산진에서 일본군과 맞서 싸우는 장면을 묘사한 그림이지. 1760년 조선 후기의 화가 변박이 그린 기록화인데, 보물 제391호로 지정되었어.

▶ 〈동래부 순절도〉야. 1592년 4월 15일, 동래 부사* 송상현과 백성들이 동래성에 쳐들어온 일본군에 맞서 싸우는 모습을 묘사했어. 1760년 변박이 그린 기록화인데, 보물 제392호로 지정되었어.

할아버지 말에 털보 삼촌이 착잡한 표정으로 고개를 끄덕였다.

"얘들아, 할아버지 말씀대로 1592년 4월 13일, 일본군 20여만 명을 태운 수백 척의 배가 부산 앞바다로 몰려왔어. 임진왜란이 시작된 거야."

털보 삼촌은 기침을 한 번 하고 계속 말을 이었다.

"그들은 순식간에 육지로 상륙한 뒤 한양까지 밀고 올라갔어. 우리 군사들은 용감하게 맞섰지만 일본군의 공격을 막을 수가 없었어."

"왜요? 왜 그렇게 어이없이 진 거예요?"

선우가 목청을 높였다. 분통이 터진다는 표정이었다.

"일본군의 조총 때문이었어. 우리 군사들은 일본군의 조총 앞에서 맥없이 쓰러졌어."

"우리도 총을 쏘면 되잖아요?"

수지가 고개를 갸웃거렸다.

"조선에는 총이 없고 주요 무기가 활과 칼이었대. 조총은 그때 처음 보는 엄청난 신무기였대."

나재주 아저씨가 거들었다.

"일본군은 거침없이 우리 땅을 짓밟았단다. 닥치는 대로 사람을 베고, 물건을 빼앗고, 마을을 불태우고."

이번엔 할아버지가 말했다. 눈시울이 붉어진 채였다.

"아, 우리 백성들이 불쌍해요."

"임금님은 도대체 무얼 한 거예요? 빨리 대책을 세워야 하잖아요."

수지와 선우가 발을 동동 굴렀다. 마치 전쟁터에 있는 것처럼 불안하고 걱정스러운 모양이었다.

"안타깝게도 선조 임금님은 궁궐을 버리고 피란을 갔단다. 임금님이 4월 30일 떠나고 며칠 뒤인 5월 3일에 일본군이 한양을 점령했지."

할아버지 말에 아이들의 얼굴이 붉으락푸르락해졌다.

조선과 일본의 무기

조선의 무기

◀ 비격진천뢰 : 우리나라 최초의 시한폭탄이야. 임진왜란 때 이장손이 만들었는데, 폭발할 때 철 조각이 별처럼 흩어져 적을 다치게 하고, 천지를 흔드는 천둥 번개 소리가 난다고 붙여진 이름이야.

▲ 총통 : 화약으로 채운 포탄을 쏘는 대포야. 화포라고도 해. 총통은 멀리 있는 적을 공격하고, 한 번에 많은 적을 죽일 수 있어. 이순신이 해전에서 승리하는 데 큰 몫을 한, 조선 수군의 최강 무기였지. 총통은 크기에 따라 가장 큰 천자총통, 지자총통, 현자총통(사진) 등으로 나뉘는데, 천자문의 순서대로 이름을 붙인 거야. 조선군은 총통과 함께 칼과 화살을 가장 많이 사용했어.

일본의 무기

▲ 조총 : 임진왜란 때 일본군은 이 조총을 사용했어. 날아가는 새도 떨어뜨리는 총이라 하여 조총이라고 한 거야. 처음에 조선군은 조총의 위력에 큰 피해를 입었어. 임진왜란 때 일본군은 조총으로 조선군을 공격한 후, 일본도를 휘두르며 싸웠지.

"**참**이상해요. 우리 군은 이순신이 있는데도 왜 그렇게 지기만 했어요?"

수지가 당차게 물었다. 선우도 고개를 끄덕였다.

"이순신은 전라도를 지키는 장수였기 때문에 일본군이 침략해 온 부산 쪽으로 곧바로 갈 수가 없었거든. 거기로 나가기 위해선 임금님의 명령이 필요했어."

털보 삼촌이 설명했다.

"아, 그렇구나."

"임금님의 명령이 곧 떨어졌고 이순신은 5월 7일, 거제도 옥포* 앞바다에서 일본 배와 맞붙게 되었어. 막상 적을 본 우리 군사들은 겁에 질려 부들부들 떨었어."

"목숨을 내놓고 싸우는 일이니 얼마나 겁났을까!"

나재주 아저씨가 부르르 몸을 떨었다.

"이순신은 군사들에게 '가벼이 움직이지 말고 태산처럼 고요하라!'고 외치며 용기를 북돋아 주었단다. 겁에 질려 허둥대지 말고 침착하라고 다독인 거야. 그러고는 공격할 기회만 엿보았지."

할아버지가 말하자 털보 삼촌이 덧붙였다.

"이때 일본군은 이순신이 이끄는 수군을 만만히 보고 조총을 쏘아 댔다고 하더군요. 우리 조선 수군은 화포(총통)로 공격했고요."

"그래서요? 이번에 우리 수군도 진 거예요?"

수지가 다급하게 물었다. 털보 삼촌이 바로 대답했다.

"아니. 완전 대승이었어. 이순신은 일본군의 싸움배 26척을 격침시켰거든. 이것이 옥포 해전이야. 조선 수

군이 이룬 최초의 승리였어. 그뿐 아니라 임진왜란에서 거둔 첫 승전이기도 했고."

"우아, 신난다!"

"어휴, 드디어 위기에 빠진 우리나라에 희망의 불씨가 피어났구먼."

나재주 아저씨가 안도의 숨을 쉬었다. 선우도 다행이라는 듯 한숨을 쉬고는 물었다.

"거북선은요? 거북선은 언제부터 싸웠어요?"

"옥포 해전이 있고 20일 가량 지난 후였어. 1592년 5월 29일에 사천* 앞바다에서 일본군에 맞서 싸울 때였지. '공격하라! 거북선은 적군을 향해 돌격하라!' 이순신의 명령이 떨어지자, 판옥선을 거느린 거북선이 위풍당당 바다를 가르며 나아갔어. 펑! 펑! 펑! 대포를 쏘아 대면서!"

털보 삼촌이 흥분하여 말했다. 마치 돌격 명령을 내리는 이순신처럼 팔을 휘둘러 댔다.

"이순신, 대단해요! 거북선 만세다! 하하하."

선우도 벌떡 일어나 외쳤다.

"맞아, 일본군은 처음 보는 기이한 거북선과 정신없이 퍼붓는 천자총통, 지자총통에 혼쭐이 났어. 그들은 '귀신 배다! 도깨비 배다!' 외치면서 달아나기 바빴다지?"

털보 삼촌 말에 수지도 승리의 기쁨으로 몸이 들썩거렸다. 어디선가 이순신의 쩌렁쩌렁한 목소리가 들리는 것 같았다.

이순신의 주요 전투 한눈에 보기

◀ 이순신이 이끌던 조선 수군과 일본군이 싸운 주요 전투지 지도야.

옥포 해전

1592년 5월 7일, 옥포 앞바다에서 이순신이 지휘하는 조선 수군이 일본군을 무찌른 해전이야. 이순신은 일본 싸움배 26척을 격파하고 포로로 잡혔던 백성들을 구했어. 이 싸움은 임진왜란이 일어난 후 우리나라가 거둔 첫 승리였어. 현재 거제도에는 옥포 해전을 기념하고 충무공 정신을 계승하기 위해 만든 옥포 대첩 기념 공원이 있어.

사천 해전

1592년 5월 29일, 이순신이 이끄는 조선 수군이 사천 앞바다에서 일본군과 벌인 전투야. 사천 포구에 있던 일본 배들을 유인해 내서 무찔렀지. 이순신은 거북선을 앞세워 돌진한 후, 적선에 불화살과 화포를 쏘아 대어 격파했어. 이 해전에서 거북선이 처음으로 참가하여 크게 이겼지. 하지만 나대용과 이순신은 부상을 입었단다.

◀ 옥포 대첩 기념 공원에 세워진 기념비야.

◀ 복원된 거북선의 모습이야.

한산도 대첩

한산도 대첩은 1592년 7월 8일, 조선 수군이 한산도 앞바다에서 일본군을 무찌른 해전이야. 이순신이 경상 우수사* 원균, 전라 우수사 이억기와 함께 한산도 앞바다에서 왜군을 무찔렀지. 이 전투에서는 학이 날개를 펼친 모습으로 공격하는 학익진 전법을 이용했어. 거북선이 돌격하고 판옥선이 적선을 에워싼 채 공격하여 큰 승리를 거두었단다.

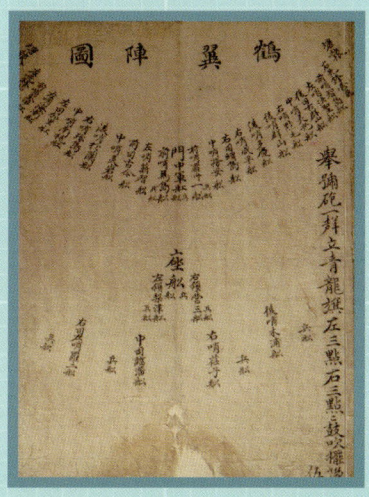

◀ 한산도 대첩을 승리로 이끌어 낸 진법을 그린 학익진도야.

노량 해전

1598년 11월 18일부터 19일까지 이순신과 명나라의 진린이 이끄는 조명 연합 함대가 일본으로 철수하려는 적들을 노량 앞바다에서 무찌른 해전이야. 11월 18일 밤, 이순신은 배 200여 척에 탄 조명 연합군*을 이끌었어. 이순신은 "저 원수들을 무찌른다면 죽어도 한이 없습니다."라고 하늘에 빌고 싸움을 시작했지. 그리고 19일 새벽, 500여 척의 왜선 중에서 200여 척을 격퇴하고 100여 척을 사로잡았어. 하지만 관음포로 도망가는 일본군을 추격하다가 총탄에 맞아 쓰러지고 말았어. 이순신은 "싸움이 급하니 나의 죽음을 알리지 말라."는 유언을 남기고 눈을 감았지. 이 노량 해전은 이순신이 승리한 마지막 싸움이었고, 이 싸움을 끝으로 전쟁은 막을 내렸단다.

부산포 해전

부산포 해전은 1592년 9월 1일, 이순신과 조선 수군이 부산 앞바다에서 일본군을 쳐부순 해전이야. 당시 부산은 일본군의 진영이었는데, 이순신은 적진의 심장부를 대대적으로 공격했어. 그 결과 일본의 싸움배 100여 척을 격파해 큰 승리를 거두었어. 하지만 안타깝게도 아끼던 부하 장수인 정운을 잃고 말았단다.

▲ 노량 앞바다 전경이란다.

◀ 조명 연합 함대에 쫓긴 일본 배가 도망친 관음포 전경이야.

◀ 일본군의 심장부인 부산으로 쳐들어가 싸운 부산포 해전 모습이야.

"1592년 7월 8일에는 이순신이 거북선을 앞세우고 일본 함대가 있는 견내량*으로 향했잖은가. 우리나라 지형을 잘 알았던 이순신은 그곳에서는 싸우기 힘들다는 걸 알았지. 그래서 적의 배를 꾀어내기로 했어."

"어떻게요, 할아버지?"

수지가 물었다.

"우리 싸움배를 몇 척 보내어 싸우는 척했단다. 그런 다음 일본군이 공격하자 잽싸게 방향을 돌려 도망치는 것처럼 꾸몄단다. 이것을 모르는 일본 배들은 이순신의 작전에 휘말려 따라왔지."

흥미진진한 이야기에 아이들이 바짝 다가앉았다.

"숨죽인 채 기다리고 있던 우리 함대는 적의 배가 한산도 바다 한가운데로 나오자 공격했단다. 거북선이 돌격하고, 판옥선 여러 척이 학 날개 모양으로 늘어서 적을 에워쌌어. 적의 배들은 곧 대포에 부서지고, 불화살에 타 버렸단다."

할아버지 말에 나재주 아저씨가 무릎을 탁 쳤다.

"그래요. 그게 바로 한산도 대첩이죠! 학익진 전법으로 왜적을 물리친 전투로 유명하잖아요."

"우아! 우리 수군이랑 이순신 정말 멋져요! 그런데 조선과 일본은 언제까지 이렇게 싸우나요?"

선우의 물음에 할아버지가 대답했다.

"임진왜란을 보통 7년간이라고 말하지만 계속 싸운 건 아니었단다. 임진왜란이 일어난 1592년 6월 이후에는 육지에서도 승리를 거두기 시작했지. 의병과 조선군이 반격에 나섰거든. 1593년에는 명나라가 원군을 보내어 조명 연합군도 일본에 거세게 맞섰고. 그래서 1593년 4월에는 한양도 되찾았단다. 일본군은 경상도 일대로 물러났지."

"그래서요?"

수지의 물음에 털보 삼촌이 말을 이었다.

"바다는 이순신이 지키고 있고 육지에서도 번번이 패하자, 일본은 명나라와 강화 협상*을 벌였어. 서로 싸우지 말자고 약속한 거야. 몇몇 조건을 내걸면서 말야. 이후 몇 년 동안 큰 전투는 벌어지지 않았어."

조선과 일본의 싸움배

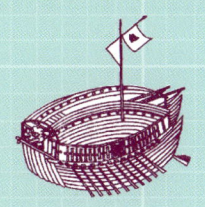 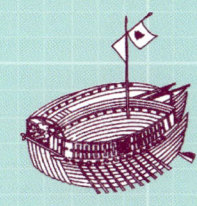

조선의 돌격선, 거북선

거북선은 임진왜란 때 활약한 돌격선이야. 거북선은 원래 고려 말과 조선 초에도 있었어. 하지만 이순신과 부하 장수 나대용이 연구하여 새롭게 만들었어. 거북선은 판옥선에 거북이 등처럼 덮개를 씌우고, 쇠못이나 창칼을 촘촘하게 박아 적이 배 위로 기어오르지 못하게 했어. 몸체는 단단한 소나무로 만들어 사방에서 대포를 쏠 수 있도록 했지. 두 개의 돛으로 바람을 이용하고, 동시에 배 안에서 병사들이 노를 젓게 하여 빠르게 움직였어. 이처럼 빠르고 튼튼해서 돌격함으로 제격이었단다.

◀ 충무공 종가에 전해 오는 거북선 그림이야. 전라 좌수영*에서 만든 것으로, 거북선의 크기와 구조를 알 수 있는 귀중한 자료란다.

조선의 싸움배, 판옥선

판옥선은 조선의 싸움배야. 원래 있던 배를 명종(조선 제13대 왕) 때 개량하여 2층 구조로 만들었어. 갑판 위에 옥(屋: 집 옥)을 올렸다고 해서 '판옥선'이라는 이름이 붙었지.

판옥선은 소나무로 만들어 단단하고 무거웠어. 그래서 화포를 싣고 공격할 수 있었어. 또 밑바닥이 뭉툭한 U자 모양이어서 회전하기도 쉬웠지. 아래층에서는 노를 젓고, 위층에서는 군사들이 전투를 벌였어.

임진왜란 때 일본 수군을 격파하는 대표적인 싸움배로 활약했단다.

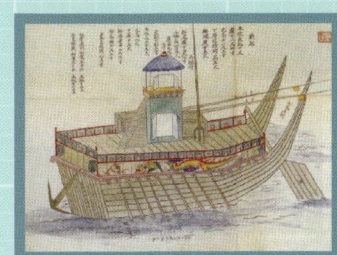

◀ 조선 후기의 〈각선도본*〉에 실린 판옥선 모습이야.

일본의 싸움배들

일본 수군의 싸움배는 아타케부네, 세키부네, 고바야 등이 있었어. 아타케부네는 갑판 위에 2층이나 3층으로 누각을 올린 대형 전함이었지. 이에 비해 세키부네는 좀 더 작았어. 이 배들은 가볍고 빨랐지만 무거운 화포를 싣지 못하거나 조금밖에 못 실었어. 또한 쉽게 부서졌어. 고바야라는 작은 배도 있었는데, 연락선이나 적을 염탐하는 척후선으로 썼단다.

▲ 아타케부네는 갑판 위에 누각을 올린 대형 전함이었어.

"이제 전쟁이 끝나고 평화가 찾아온 거예요?"
"아니야. 잠시 전쟁이 멈추었을 뿐이란다. 그 사이 삼도 수군통제사*가 된 이순신은 수군의 힘을 단단히 키웠어. 또 전쟁에 지친 백성들이 먹고살 수 있도록 터전을 마련해 주기도 했지. 밭을 일구고 고기를 잡을 수 있도록 말이다. 하지만 협상이 제대로 이뤄지지 않아 또다시 전쟁이 시작될 조짐이 보였지."

할아버지 말에 선우가 고개를 갸웃하며 물었다.
"명나라와 일본 간의 강화 협상은 왜 안 된 거예요?"
"두 나라가 서로 자기들의 이익만 얻으려고 했거든. 그게 뜻대로 되지 않자, 도요토미 히데요시는 1597년 1월 다시 우리나라를 침략했어. 그게 정유재란이란다."
"아, 그때 일본이 이상한 흉계를 꾸몄죠?"

나재주 아저씨가 말했다.
"그렇다네. 일본은 전쟁에서 이기려면 이순신을 없애야 한다고 생각했지. 그래서 조선 조정에 거짓 정보를 흘렸어."
"어떤 거짓말이요?"
수지가 이해할 수 없다는 얼굴로 물었다.
"일본군의 규모나 침공 날짜 같은 걸 가짜로 알려 준 거야. 이것을 믿은 선조 임금님은 이순신에게 군사를 이끌고 가서 싸우라고 명령했어. 하지만 이순신은 일본이 꾸민 함정이란 걸 알아차렸지."
"그래서요?"
"이순신은 적의 꾐에 넘어가 우리 군사들을 죽음으로 내몰 수 없었단다. 차라리 벌을 받더라도 임금님의 명령을 따르지 않기로 마음먹었지."

할아버지가 착잡한 표정으로 말을 이었다.
"화가 난 선조 임금님은 이순신을 잡아오라고 명령했단다. 이순신은 한양으로 끌려가 모진 고문을 당했지."
"아, 너무 안타까워요."
선우가 눈살을 찌푸렸다.
"그래. 백성과 군사들도 통곡하고, 뜻있는 선비와 장수들은 임금님에게 상소문*을 올리며 이순신은 죄가 없다고 호소했지."
"다행히 이순신은 옥에서 풀려났지요. 하지만 도원수 권율 장군 밑에서 또 백의종군해야 하다니요."
털보 삼촌이 힘없이 덧붙였다.

한산도와 정유재란

지휘 본부 한산도의 제승당

여수에서 한산도로 본부를 옮긴 이순신은 삼도 수군을 지휘하며 수많은 해전을 승리로 이끌었어. 임진왜란 당시 이순신이 작전을 지휘할 때는 '운주당'이라고 불렸지. 그러나 원균이 칠천량 해전(32쪽)에서 패한 뒤, 일본군이 운주당을 점령하여 불태웠어. 이후 1739년 영조 때에 운주당 터에 건물을 짓고 '제승당'이라고 이름을 붙였단다.

▲ 한산도에 있는 제승당이야. 이순신이 삼도 수군을 지휘한 곳이야.

한산도의 수루와 한산도가

수루는 적의 동태를 살피던 망루야. 이순신 장군은 이곳에 자주 올라 적의 움직임을 파악했어. 그리고 나라 사랑의 시를 지어 읊곤 했단다. 대표적인 시가 바로 〈한산도가〉야.

한산섬 달 밝은 밤에 수루에 홀로 앉아
큰 칼 옆에 차고 깊은 시름 하는 차에
어디서 들려오는 피리 소리는 남의 애를 끊나니.

◀ 한산도에 있는 수루야.

정유재란

정유재란은 일본과 명나라의 강화 협정이 제대로 맺어지지 않자, 도요토미 히데요시가 1597년 14만여 명의 군사를 파견하여 다시 시작된 전쟁이야. 이 전쟁은 1598년 도요토미가 죽고, 이순신이 노량 해전에서 적을 물리침으로써 끝이 났단다.

▲ 울산 왜성* 전투도야. 일본군이 울산에 진지로 쌓아 둔 왜성을 도요토미가 죽은 후 조명 연합군이 공격하는 모습이란다.

조선 수군의 패배

칠천량 해전

1597년 7월 15일, 원균이 이끄는 조선 수군이 칠천량(오늘날의 거제시 앞바다)에서 일본 수군과 싸운 해전이야. 임진왜란 때 조선 수군이 유일하게 패배한 싸움이지. 삼도 수군통제사 원균은 일본군의 작전에 휘말려 수많은 수군과 전라 우수사 이억기, 충청 수사* 최호 등의 목숨을 잃게 했단다. 또한 이때에 거북선도 모두 파괴되었어. 그러자 선조는 이순신을 삼도 수군통제사로 다시 임명했단다.

◀ 칠천량의 풍경이야.

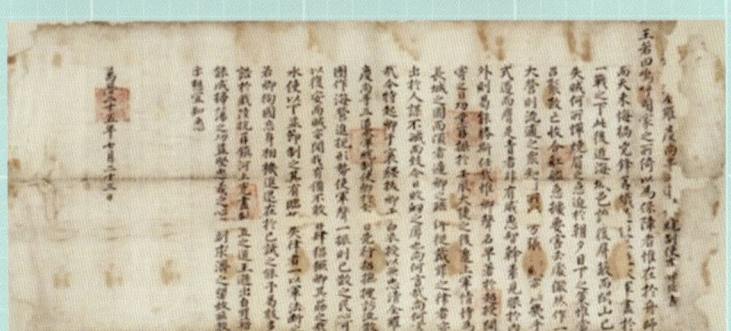
▲ 선조가 이순신을 다시 삼도 수군통제사로 임명하며 내린 문서야.

전라 우수사 이억기

이억기는 임진왜란 때 전라 우수사가 되어 당시 전라 좌수사였던 이순신과 함께 당항포, 한산도, 안골포, 부산포 등에서 일본군을 무찔렀어. 1597년 2월 이순신이 감옥에 갇히자 무죄를 주장해 구해 주었지. 그런데 칠천량 해전에서 원균과 함께 싸우다가 그만 목숨을 잃고 말았어. 여수 충민사에서는 이순신과 이억기를 함께 기리고 있단다.

삼도 수군통제사 원균

원균은 임진왜란이 처음 일어났을 때 일본군과 맞서 싸우지 않고 물러났어. 그래서 경상도 바다를 일본에 빼앗긴 채 이순신의 도움을 받았어. 그런데 자신보다 어린 이순신이 전쟁에서 번번이 이기자 그만 시기심에 빠지고 말았어.

그래서 이순신을 모함했지. 그 결과 이순신이 옥에 갇히자 이순신 대신 삼도 수군통제사에 올랐어. 하지만 칠천량 해전에서 일본군에게 크게 패하고 말았단다.

"그즈음 원균이 삼도 수군통제사가 됐지. 원균이 원래 훌륭한 장수였단 건 자네도 알지? 하지만 이순신의 승전이 거듭되자 질투가 났는지, 원균은 이순신을 모함하기 시작했지."

"서로 도와 적을 무찔러야 하는데, 왜 그랬을까요?"

할아버지 말에 수지가 고개를 저었다.

"그래, 참 안타까운 일이야. 더욱이 원균은 일본군과 싸움 한 번 제대로 하지 못했어. 일본이 흘린 거짓 정보에 따라 싸움에 나섰다가 1597년 7월, 칠천량 해전에서 참패를 당했어."

털보 삼촌이 수지 말에 맞장구치고 이어서 말했다.

"그 싸움으로 우리 수군은 수백 척의 배와 수천 명의 군사를 잃었어. 거북선도 모두 바다 속으로 가라앉았고. 이순신이 몇 년 동안 키운 조선 수군이 하루아침에 전멸한 거야. 그 결과 일본 수군은 남쪽 바다를 장악했고, 일본 육군은 전라도와 충청도까지 진격했어. 조선은 바람 앞의 등불처럼 위태로워졌어!"

"후유, 분통이 터져요! 자기들 욕심 때문에 나라를 위기로 몰았잖아요!"

선우가 씩씩거렸다. 털보 삼촌이 턱수염을 긁적이며 말했다.

"맞아. 임금님은 뒤늦게 후회했어. 그래서 급히 이순신을 삼도 수군통제사로 다시 임명했어. 조선 수군과 백성들이 걱정되었던 이순신은 서둘러 남쪽으로 말을 달렸지."

"아, 다행이에요."

수지가 기도하듯 두 손을 꼭 움켜잡았다.

"글쎄……, 이미 남쪽 마을과 조선 수군의 상황은 끔찍할 정도로 처참했단다."

할아버지가 말했다. 목소리에 기운이 없었다.

"우리 수군에 남은 배라고는 판옥선 12척뿐이었다죠?"

나재주 아저씨가 물었다.

"그렇다네. 도무지 일본군과 맞서 싸울 수 없을 정도였지. 더구나 선조 임금님은 이순신에게 약해진 수군을 해체하고 육지로 올라와 싸우라고 명령했어."

"뭐라고요? 수군이 없어지면 나라는 어쩌라고요?"

"이순신은 어떻게 했어요? 정말 수군을 없앴어요?"

선우와 수지가 깜짝 놀라 물었다.

"이순신은 다시 한 번 죽음을 무릅쓰고 임금님에게 편지를 올렸어. 12척의 배가 아직 남았으니 이길 수 있다고 말이야."

털보 삼촌이 말했다.

"우아, 이순신의 힘찬 용기와 나라를 위하는 마음이 느껴져요."

짝짝짝짝! 수지와 선우가 힘차게 손뼉을 쳤다.

"이젠 바다로 나가 일본군을 무찌르겠군요."

"그렇단다. 이순신은 흩어진 병사들을 모았어. 이순신을 존경했던 백성들은 이순신과 함께라면 적과 싸우는 게 두렵지 않다고 몰려왔지. 이순신은 배 한 척을 더 마련하며 준비했단다."

할아버지가 담담히 말했다.

"이순신은 곧 해남 앞바다인 명량(울돌목)에서 결전을 벌이기로 했단다. 명량의 좁은 지형과 거센 물살을 이용할 계획이었지. 그래야 적은 수의 싸움배로 적과 대항할 수 있다고 판단한 거야."

털보 삼촌도 감정이 북받치는지 말을 시작했다.

"마침내 9월 16일 수백 척의 일본 함대가 명량으로 몰려왔어. 바다를 가득 메운 왜적의 배를 보고 우리 군사들은 벌벌 떨었지. 그러자 이순신은 '죽기를 각오하고 싸우면 살고, 살고자 하면 죽는다.'고 격려했어. 그러고는 대포를 퍼붓고 불화살을 쏘며 앞장서서 싸웠어."

"천하무적 이순신이 당연히 이겼겠죠?"

선우가 어깨를 거들먹거리며 물었다.

"물론이야! 적의 배는 조선 수군의 공격과 명량의 거친 물살에 휩쓸려 깨지고 부서지고 불타 버렸어. 13척의 배로 왜적의 배 133척을 무찌른 전투. 바로 세계 해전사에 길이 남을 명량 대첩이야."

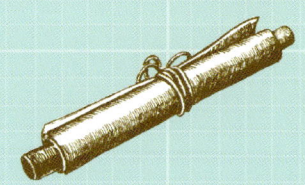 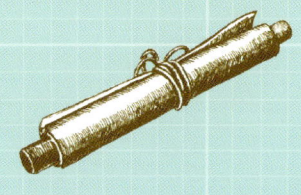

명량 대첩의 승리

이순신이 목숨 걸고 임금에게 올린 편지

이순신은 수군을 해체하라는 임금의 명령을 지키면 일본에게 조선을 내주는 결과가 될 거란 사실을 알았어. 그래서 목숨을 걸고 임금에게 글을 올린 거야.

"전하, 적이 우리나라를 감히 넘보지 못하는 것은 우리 수군이 지키고 있기 때문입니다. 신에게는 아직도 12척의 배가 있습니다. 그러니 죽을힘을 다해 싸우면 이길 수 있습니다. 만약 수군을 없애면 적은 기뻐하며, 충청도를 거쳐 한강까지 올라갈 텐데 신은 그것이 걱정스럽습니다. 비록 싸움배는 적지만, 제가 죽지 않고 살아 있는 한 적은 감히 우리를 얕보지 못할 것입니다."

– 이순신이 임금에게 올린 글

위기의 조선을 살린 명량 대첩

1597년 9월 16일, 전라남도 해남과 진도 사이에 있는 명량 해협에서 이순신이 지휘하는 13척의 배가 일본군의 배 133척을 격퇴한 해전이야. 명량은 바다 폭이 좁아 물살이 세고 빨라서 마치 바다가 우는 듯한 소리가 날 정도야. 그래서 울돌목, 한자어로는 명량(鳴: 울 명, 梁: 대들보 량)이라고 불려. 또한 밀물과 썰물이 하루 네 차례 번갈아 돌아. 이러한 지형 조건을 잘 알고 있던 이순신은 13척의 배로 133척의 배를 물리치는 기적 같은 승리를 이루었어. 명량 대첩은 위기에 처했던 나라를 구한 결정적인 싸움이란다.

▲ 명량은 물살이 세고 빨랐어. 그래서 일본군은 배를 조종하기가 매우 힘들었지.

▲ 고뇌하는 이순신의 모습을 나타낸 동상이야. 명량에 세워져 있단다.

◀ 명량 대첩을 승리로 이끈 이순신의 업적을 기념하기 위하여 해남에 세운 명량 대첩비야. 1688년 전라 우수사 박신주가 만든 것으로 보물 제503호로 지정되었어. 해남 명량 대첩비는 우리나라가 어려움에 처할 때마다 눈물을 흘려 그것을 예고한다는 전설을 품고 있지.

이번에는 할아버지가 말했다.

"계속되던 전쟁은 갑작스럽게 끝나게 되었단다. 임진왜란을 일으킨 도요토미 히데요시가 1598년 8월에 숨졌거든. 그는 일본 장수들에게 '전쟁을 중단하고 철수하라.'는 유언을 남겼지. 그러자 왜적들은 일본으로 돌아가려고 서두르기 시작했단다."

"아, 다행인 거죠?"

수지가 물었다.

"그래. 하지만 이순신은 우리 땅을 짓밟고 백성의 목숨을 앗아간 그들을 순순히 돌려보낼 수 없었어."

털보 삼촌이 주먹을 불끈 쥐고 대답했다.

"당시 조선을 도우려고 왔던 명나라 수군도 전쟁을 멈추고 자기 나라로 돌아가려고 했잖은가. 더 이상 싸움을 벌여 자신들의 목숨을 희생시키고 싶지 않았던 거지. 하지만 이순신은 명나라 진린 장군을 설득하여 일본군이 물러날 길을 막기로 했어."

할아버지가 말하자, 털보 삼촌이 맞받아 이야기했다.

"네, 맞아요. 얘들아, 1598년 11월 19일, 이순신과 진린이 이끄는 조명 연합 수군은 노량 앞바다에서 일본 함대 500여 척과 맞섰어. 단 한 척의 배도 돌려보내지 않고, 단 한 명의 적군도 살려 보내지 않겠다는 각오로 말이야. 조선 수군은 북을 둥! 둥! 울리면서 불화살과 대포를 쏘아 댔어. 일본군의 공격도 만만치 않았어. 전투는 오랜 시간 이어졌어."

선우와 수지는 대꾸도 않고 이야기에 귀 기울였다.

"이윽고 적들이 달아나기 시작했어. 그런데 그때, 적군의 총탄이 날아와 그만 이순신의 가슴에 박히고 말았어!"

"으악, 안 돼요!"

수지가 소리쳤다. 눈에는 금세 눈물이 그렁거렸다.

"이순신은 털썩 쓰러졌어. 그리고는 '싸움이 급하니, 내 죽음을 알리지 말라.'는 말을 남기고 조용히 숨을 거두었어. 이 노량 해전을 마지막으로 7년간의 전쟁은 끝이 났지."

털보 삼촌의 말에 모두 슬픈 표정이었다.

"이순신은 죽는 순간까지 오직 나라 걱정뿐이었군요."

나재주 아저씨가 조그맣게 중얼거렸다.

 # 임진왜란 이후 조선, 일본, 명나라는?

조선의 변화

전쟁터였던 조선 땅은 너무나 황폐해졌어. 수많은 백성이 목숨을 잃었지. 하지만 살아남은 백성도 살아가기 너무 힘들었어. 나라에서 군비 지출이 컸던 만큼 백성에게 세금을 많이 거두었거든. 또한 지배층의 권위가 무너지고 신분을 사고팔면서 신분 이동이 일어났어. 조선 관료들 사이에서는 전쟁 때 도와준 명나라를 숭상하고 청나라(여진족이 세운 나라)는 배척해야 한다는 사상이 더욱 강해졌지. 이로 인해 조선은 또다시 청나라의 침략에 시달리게 된단다.

명나라의 변화

이 무렵 명나라는 나라가 몹시 어지러웠어. 북쪽에는 오랑캐가, 남쪽에는 왜구가 들끓어 그걸 무찌르느라 국력 소모가 컸거든. 게다가 정치 상황도 매우 어지러웠지. 왕을 잘 모셔야 할 환관(내시)이 오히려 왕을 마음대로 주무르며 권력을 휘둘렀기 때문이야. 또한 임진왜란 때 명나라를 치겠다며 나선 일본을 조선에서 물리치느라 국력은 더욱 약해졌지.

나라 상황이 이렇다 보니 백성의 삶은 점점 더 힘들어졌어. 이때 이자성의 난이 일어나고 북쪽에서 여진족이 세운 청나라가 쳐들어오면서 명나라는 멸망하고 말았어.

일본의 변화

도요토미 히데요시가 죽은 후 도쿠가와 이에야스가 일본을 재통일하고 정권을 잡았어. 그는 조선과 화해하기 위해 일본에 잡혀 온 조선 사람들을 풀어 주기도 했지. 그리고 몰려오는 외국에 대해 쇄국 정책*을 펼쳤어. 이 무렵 조선에서 잡혀간 인쇄공, 도공들의 영향으로 학문이 발달하고 도자기 예술 등 문화가 꽃피웠단다.

▲ 명나라 때 북경에 세워진 자금성이야. 청나라 때까지도 궁전으로 사용되었단다.

◀ 조선 사람이 만든 찻잔으로, 한 승려가 조선에서 일본으로 가져갔다고 전해져. 일본에서는 '기자에몬 이도다완'으로 불리며 국보 제26호로 정해졌지.

"할아버지, 이순신이 그렇게 죽음을 맞다니 너무 안타까워요."

수지가 시무룩하게 말했다.

"그렇지? 그래도 나라와 백성을 향한 그분의 사랑은 아직까지도 우리에게 큰 감동을 주잖니?"

만물상 할아버지가 수지를 다독였다.

"맞아요! 나처럼 의젓한 아이들이 거북선 띄우기 대회에도 나가려고 하잖아요."

선우가 으스대며 너스레를 떨었다. 수지는 눈을 살짝 찌푸렸지만 금세 고개를 끄덕였다.

"선우, 제법이구나!"

털보 삼촌도 웃으며 선우의 어깨를 툭 쳤다.

"히히, 저번에 털보 삼촌이 헌책방에서 책을 빌려줬잖아요. 그때부터 이순신 장군에게 푹 빠진 거예요. 모두 삼촌 덕분이에요."

"오호, 고마운걸! 책방을 차린 보람이 있어."

털보 삼촌이 뿌듯해했다.

"털보 삼촌, 저도 그 책 볼래요. 저도 꼭 빌려주세요."

"오냐, 오냐. 내가 먼저 가서 찾아 놓을 테니 이따가 와라."

수지가 말하자, 털보 삼촌이 얼른 일어나 슬리퍼를 질질 끌며 사라졌다.

"나재주 아저씨, 이거 좀 고쳐 주세요."

수지가 슬며시 선우의 거북선을 내놓았다.

그때, 선우가 큰 소리로 말했다.

"괜찮아. 난 새로운 거북선을 만들 거야. 할아버지, 이순신의 설계도 사진 좀 찍어도 되죠?"

"그래, 괜찮다! 하지만 이 어려운 설계도를 네가 볼 수 있겠니?"

"복잡해서 이해할 순 없지만, 보물로 간직하려고요."

할아버지가 거북선 설계도를 펴 놓자, 찰칵! 선우가 스마트폰 셔터를 눌렀다. 그 모습을 본 수지가 외쳤다.

"나도 나도! 선우야, 판옥선으로 대회에 나가도 되지?"

"물론이지! 너랑 나랑 멋진 황학동표 배를 만들자. 아저씨, 아저씨 가게에 만들기 재료 많지요? 우리 빨리 가요!"

"그, 그래."

선우와 수지, 나재주 아저씨가 신나게 만물상을 나섰다.

곧이어 아옹다옹하는 선우와 수지의 목소리가 골목에 퍼졌다. 만물상 할아버지는 빙그레 웃으며 가게 앞에 앉았다. 평화롭고 정겹게 황학동 거리를 누비는 사람들의 표정이 매우 행복해 보였다.

 # 우리 민족의 영원한 영웅

이순신은 임진왜란 때 일본군의 침입을 막아 조선을 구한 장군이야. 23번의 싸움에서 단 한 번도 지지 않는 불패의 신화를 이루었지. 이순신이 그처럼 승리할 수 있었던 비결이 뭘까?

바로 단단한 준비 자세 때문이었어. 이순신은 임금과 조정이 국방에 대한 대비책을 세우지 않고 있을 때 우리의 싸움배인 판옥선과 거북선을 만들고 막강한 화포와 무기들을 마련했어. 또한 우리나라의 지형과 바다를 미리미리 탐구하여, 전쟁 중에는 그것을 이용해 뛰어난 전술을 짰지.

또 다른 비결은 나라와 백성에 대한 끝없는 사랑 때문이었어. 온갖 모함과 음모가 이순신을 불행하게 만들었지만 이순신은 굳은 의지로 어려움을 헤쳐 나갔어. 이순신은 오직 나라를 구하고 백성들을 평안하게 살도록 하겠다는 마음만 품었단다. 그래서 7년 동안 바다에서 싸웠던 거야. 이순신의 훌륭한 인격과 지극한 충성심은 우리 민족이 나아갈 방향을 보여 주고 있어. 더불어 오늘날의 우리에게 어려움을 극복하는 용기를 북돋워 주고 있단다.

▲ 이순신의 정신과 업적을 기리기 위해 서울 광화문에 세워진 동상이야.

어휘 사전

*표시된 어휘를 자세히 설명합니다.

전화위복(13쪽) : 좋지 않은 일이 바뀌어 좋게 된다는 뜻이야.

좌수사(15쪽) : 조선 시대에 전라도와 경상도의 좌수영에서 각각 수군을 지휘하던 관리들이야.

만호(17쪽) : 조선 시대에 각 도의 여러 진에서 일하던 무관(군사 일을 맡아보는 관리)이었어.

객사(17쪽) : 조선 시대에 외국 사신이나 다른 곳에서 온 관리를 대접하고 묵게 하던 숙소를 말해.

조정(17쪽) : 임금이 신하들과 나랏일을 의논하던 곳이야.

청나라(18쪽) : 중국 동북쪽에 살던 여진족(만주족)이 세운 나라로 1616년 세워졌어. 당시 나라 이름을 후금이라 했다가 1636년에 청으로 바꾸었지. 1644년에 명나라를 멸망시키고 중국 본토에서 나라를 다스리기 시작했단다. 청나라는 이후 1912년까지 이어졌어.

녹둔도(18쪽) : 두만강 하류에 있던 섬이야.

북병사(18쪽) : 조선 시대에 북쪽 지방인 함경도에서 국경을 지키던 무관이란다.

백의종군(19쪽) : 아무 벼슬도 없이 군대를 따라 싸움터에 가는 일이야.

현감(20쪽) : 조선 시대에 작은 현을 맡아 다스리던 관리를 가리키는 말이었어.

첨사(22쪽) : 조선 시대 각 도의 절도사(도의 군사 일을 총지휘하던 무관) 아래에서 각 진영을 지키던 무관을 말해.

동래 부사(22쪽) : 조선 시대의 행정 구역인 동래부(오늘날 부산시 동래구)를 맡아 다스리던 관리야.

옥포(24쪽) : 지금의 경상남도 거제시 옥포동 부근이야.

사천(25쪽) : 지금의 경상남도 사천시를 말하지.

우수사(27쪽) : 조선 시대에 전라도와 경상도의 우수영에서 각각 수군을 지휘하던 관리들을 말해.

조명 연합군(27쪽) : 조선과 명나라가 힘을 합친 군대야. 임진왜란과 정유재란 때 활약했지.

견내량(28쪽) : 경상남도 거제와 통영 사이에 있는 좁은 해협이란다.

강화 협상(28쪽) : 싸움을 멈추고 평화롭게 지내기 위해 의논하는 일을 말해.

수영(29쪽) : 조선 시대에는 왜구가 자주 나타나던 전라도와 경상도에 수군을 지휘하는 관청을 각각 2개씩 두어 관리했어. 각 도를 서울에서 볼 때 왼쪽(동쪽)과 오른쪽(서쪽)으로 나누어 왼쪽을 좌수영, 오른쪽을 우수영이라고 했지. 임진왜란 당시 전라도의 좌수영은 여수에 있었고 우수영은 해남에 있었어. 한편 경상도의 좌수영은 동래에 있었고, 경상도의 우수영은 거제에 있었어.

각선도본(29쪽) : 조선 후기 여러 배의 구조와 모양을 그린 그림이야.

수군통제사(30쪽) : 임진왜란 중이던 1593년 만들어진 관직으로 전라도, 충청도, 경상도의 수군을 이끄는 최고 책임자였어. 이순신이 맨 처음 임명되었지.

상소문(30쪽) : 신하가 임금에게 자신의 뜻을 전하기 위해 써 올리던 글을 말해.

왜성(31쪽) : 임진왜란, 정유재란 때 일본군이 우리나라 땅에 일본식으로 세운 성을 가리켜.

수사(32쪽) : 조선 시대에 각 도의 수군을 지휘하던 관리를 말해.

쇄국 정책(37쪽) : 다른 나라와 관계를 맺지 않고 물건을 사고팔지 못하게 하는 정책을 말해.

41

황보감 할아버지

황학동에서 삼대째 한의원을 하고 있다. '황학동 허준'이란 별명을 가지고 있다. 만물상 할아버지와 초등학교 동창으로 오랜 친구다.

나원준

절대 음감의 소유자로, 한때는 가요 프로그램에서 1위에 오르며 화려한 인기를 누린 가수였다. 지금은 황학동에서 중고 기타 상점을 운영한다.

주차 단속 할머니

다른 사람의 일에 관심이 많으며 말참견을 잘 한다. 남의 일에 자주 간섭을 하고 툴툴거리기는 하지만, 잔정이 많다.

미세스 고

황학동 시장에서 커피, 녹차, 유자차, 생강차 등을 수레에 싣고 다니면서 판다. 커피 수레를 밀고 다니면서 온 동네의 소식통 역할을 한다.

김 여사
동양화 중에서도 난을 잘 그리는 멋쟁이 여사로, 언제나 우아하고 교양 넘치는 말투로 화방에서 손님을 맞는다.

이나리 아가씨
세계적인 패션 디자이너가 되는 것이 꿈이다. 늘 최신 유행하는 옷을 입는 멋쟁이다. 중고 옷들을 멋진 새옷으로 고쳐서 팔기도 한다.

꽃돼지 아주머니
황학동에서 손맛 좋기로 유명한 꽃돼지네 분식집 주인이다. 외국에 떡볶이, 순대, 튀김을 파는 꽃돼지네 분식 2호점을 내는 게 꿈이다.

박남훈 선생님
동물 보호 운동가이자 동물 병원 원장이다. 대학생 때부터 세계 각국을 두루 여행하면서 동물 보호 운동에 앞장서 왔다.

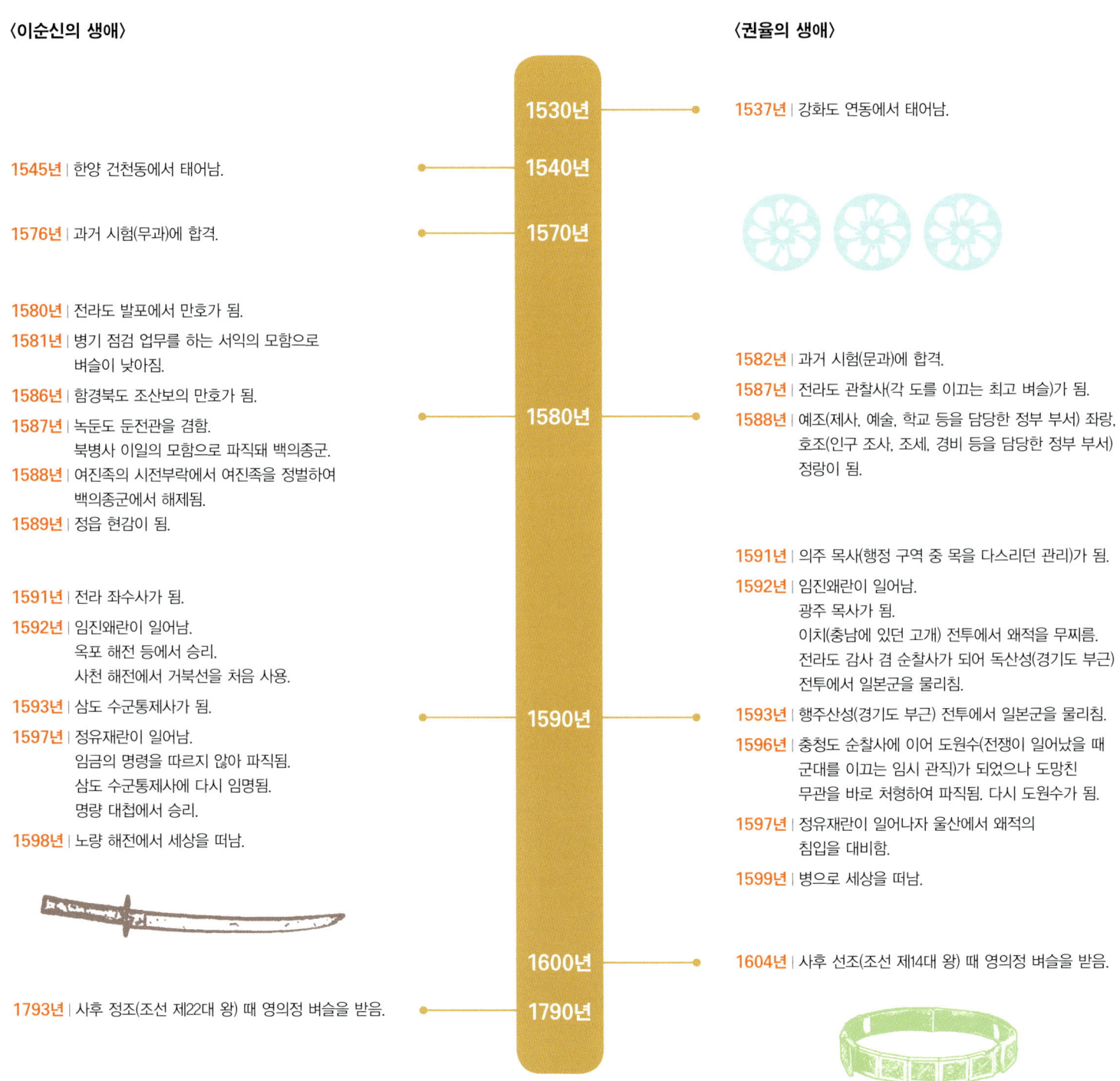